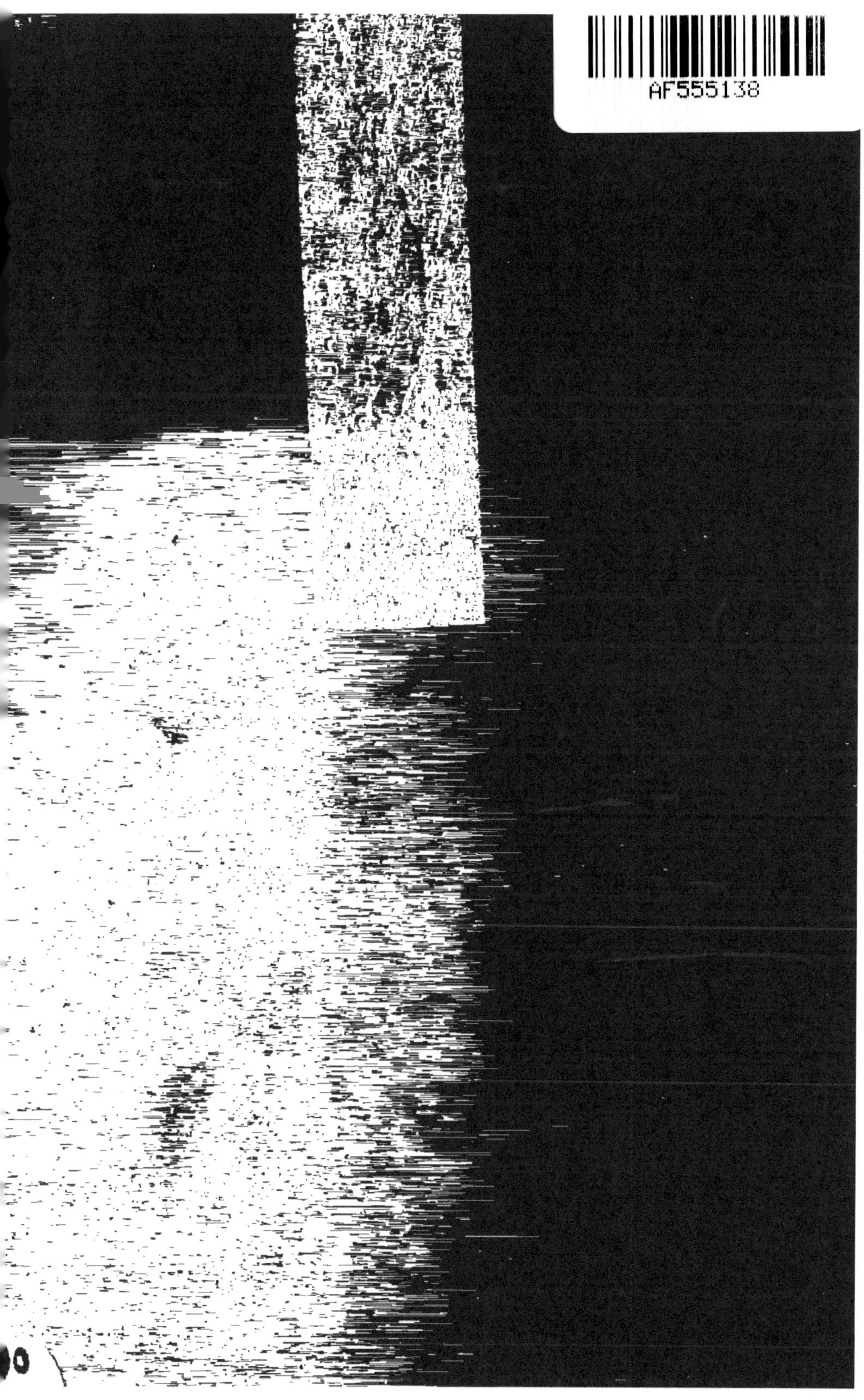

ÉMILE CASTELAR

PRÉSIDENT DU POUVOIR EXÉCUTIF

DE LA

RÉPUBLIQUE ESPAGNOLE

ÉMILE CASTELAR

ÉMILE CASTELAR

PRÉSIDENT DU POUVOIR EXÉCUTIF

DE LA RÉPUBLIQUE ESPAGNOLE

PAR

HECTOR-F. VARELA

RÉDACTEUR EN CHEF DE « *EL AMERICANO* »

DISCOURS-PROGRAMME

PRONONCÉ AUX CORTÈS

PRÉFACE PAR HIPPOLYTE FÉNOUX

RÉDACTEUR DU *HAVRE*

SEPTEMBRE 1873

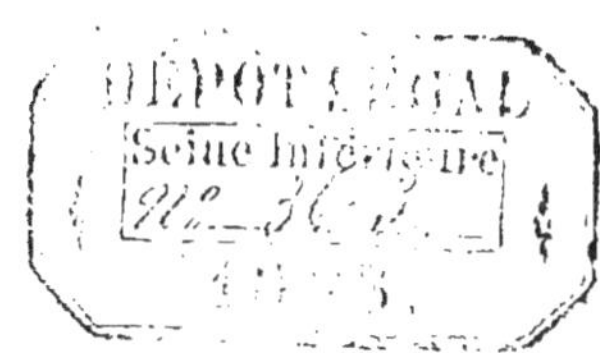

HAVRE

IMPRIMERIE F. SANTALLIER & Cie

162, BOULEVARD DE STRASBOURG

AU LECTEUR FRANÇAIS

La courte biographie qu'on va lire est celle d'un homme sur lequel toute l'Europe a les yeux fixés en ce moment.

En Emilio Castelar semble reposer désormais le sort de l'Espagne : si le jeune et brillant homme d'Etat sait apporter dans l'action les qualités décisives qui ont fait sa gloire d'orateur, la République ibérique sera fondée définitivement, et un gouvernement national assurera enfin l'avenir de ce malheureux pays, depuis si longtemps la proie de toutes les tyrannies et de toutes les ambitions.

Ces notes intimes sur la vie littéraire et politique de Castelar sont un hommage affectueux que lui rend un de ses plus anciens et plus chers amis, le confident de toutes ses généreuses aspirations depuis dix-huit ans, le compagnon fidèle de sa bonne comme de sa mauvaise fortune, un des consolateurs de son exil, le champion dévoué de la renommée qu'il s'est acquise si vite dans toute l'Amérique.

A ce titre, ces pages sincèrement émues, où l'on trouvera, non pas l'esquisse banale obtenue par les procédés biographiques ordinaires, mais un portrait vivant, et comme l'empreinte même laissée au cœur d'un ami, auront, nous n'en doutons pas, un intérêt puissant et particulier pour le lecteur français.

M. Hector-F. Varela, l'éminent publiciste américain, ne tient la plume en France que pour travailler à l'union, en un seul faisceau, des intérêts libéraux et des progrès républicains dans les deux mondes. Il s'est fait le compatriote et l'auxiliaire de tous ceux qui souffrent et combattent pour la justice et la vérité, et nul n'avait plus d'autorité que lui pour présenter aux démocrates français le grand démocrate espagnol, et pour leur dire : « Celui-là est digne de vos sympathies fraternelles. »

Et d'ailleurs, comment, nous Français, ne suiverions-nous pas avec une anxiété sympathique, avec un intérêt passionné, les efforts suprêmes que va tenter, au-delà des Pyrénées, l'esprit moderne dont Castelar est l'éloquente et courageuse incarnation? Comment ne prendrions-nous pas parti dans ce duel à mort contre l'esprit du passé, s'exhalant de tout un ossuaire d'institutions despotiques et présidant à je ne sais quelle résurrection macabre des fanatismes féodaux?

Nos destins n'ont-ils pas avec ceux de l'Espagne une poignante analogie? Ne sommes-nous pas malades du même mal? Ne connaissons-nous pas les mêmes douleurs? Après une invasion étrangère et une guerre civile atroce, notre unité nationale n'a-t-elle pas été aussi violemment ébranlée que la sienne par d'incessantes révolutions? La royauté autour de laquelle on conspire à Frohsdorff n'est-elle pas sœur de celle qui brigande en Espagne? Le Pontife du Vatican n'est-il pas prêt à réunir dans une même bénédiction carlistes et fusionnistes? Hélas! si l'Espagne a le péril des *pronunciamientos*, n'avons-nous pas le danger des coups d'Etat? Les scapulaires de ses paysans fanatiques ne sont-ils pas de la même fabrique que nos médailles de Paray-le-Monial?

Oui, Français et Espagnols, nous combattons le même combat.

L'Espagne, comme la France, après tant d'expériences avortées, s'est réfugiée, elle aussi, dans cette forme de gouvernement « qui divise le moins ».

Car c'est le destin de la République, ce sera la sublimité de sa mission aux yeux de l'histoire impartiale, de venir ainsi, comme le médecin de la dernière heure, au secours des peuples désespérés. Elle arrive aux moments de crise, appelée par les nations affolées, pour réparer les fautes des pouvoirs déconsidérés, usés ou évanouis.

Mais c'est aussi l'éternel danger qu'elle court dans cette Europe encombrée de tant de ruines dynastiques, où trouve toujours moyen de s'abriter, sous quelque arceau poudreux, le prétendant famélique qui attend que le sol soit déblayé pour se hisser sur un débris de trône branlant !

La République, règne de l'idéal, des principes et de la loi, gouvernement naturel des peuples moraux, devrait être le terme d'un progrès poursuivi avec constance; son avénement devrait être celui de la raison et du désintéressement. Elle suppose l'accord unanime des citoyens, puisqu'elle répond à la satisfaction normale de leurs intérêts communs. Elle demanderait aux nations la sagacité, le calme, l'étude et l'expérience, et toujours elle surgit, comme une fatalité, au milieu des désastres, des guerres et des haines.

Innocente de toutes les fautes, elle assume la responsabilité de toutes. Elle est le gérant responsable de toutes les contraventions à la morale et à l'économie sociales, commises par ceux-là mêmes qui se tiennent prêts à exploiter ses défaillances, si la tâche réparatrice excède ses forces.

Nous assistons, en France, à ce jeu d'antagonismes injustes, et nous y voyons la République en lutte avec tous les partis qui s'effaçaient lâchement ou s'inclinaient hypocritement à l'heure du péril. De cette lutte, nous en avons le ferme espoir, elle sortira victorieuse, parce que, grâce à Dieu, la volonté nationale a été mise en éveil, la conscience populaire a été révoltée par tant d'ingratitude et de mauvaise foi, et que la République est devenue chez nous une simple question de bon sens, d'honnêteté et d'intelligence.

Quelle sera l'issue de la lutte analogue, mais plus sauvage et plus déchaînée encore, que soutient à son tour l'Espagne ? Il faut tout espérer, croyons-nous, de la direction qu'imprimera aux événements un homme de la valeur morale de Castelar.

Il est en possession du pouvoir suprême depuis quelques jours, seulement, et déjà sa main ferme se fait sentir partout.

Son premier discours, qui est un acte, a déjà relevé aux yeux de toute l'Europe le prestige du gouvernement. Il a rendu l'espoir et la foi à tous les cœurs espagnols et montré le devoir à tous les citoyens. Ce devoir, il saura en exiger l'accomplissement. Sa dictature vertueuse s'appelle patriotisme !

Nous publions plus loin la traduction à peu près complète

de cet admirable discours. La grandeur morale de Castelar s'y peint tout entière, en même temps que s'y affirme l'énergie de ses résolutions. Ce monument de noblesse et d'honnêteté politique achèvera de faire connaître au lecteur français la grande figure et l'allure véritablement héroïque du nouveau dictateur, que M. Varela étudie plus spécialement dans ses manifestations artistiques et dans ses élans vers l'idéal.

C'est l'action de l'homme d'Etat, succédant au lyrisme du tribun, et c'est toujours l'incomparable orateur mettant la plus noble éloquence au service de la raison d'Etat.

L'organe le plus important, le plus autorisé et le plus écouté de la démocratie française appréciait ainsi ce discours-programme :

« Ce que nous devons admirer surtout dans les déclara-
» tions du nouveau chef de la République espagnole, c'est le
» mépris des paroles qui ne sont que des paroles. Si M. Caste-
» lar donne encore à sa pensée une forme superbe, on sent à
» merveille qu'il n'en est pas coupable, mais qu'en prenant la
» responsabilité du gouvernement, il a voulu renoncer pour
» toujours aux pompes de la rhétorique, et que la seule ambi-
» tion qui lui reste est de sauver sa patrie par des actes.

» M. Castelar arrive aux affaires et accepte le pouvoir dans
» des conditions qui feraient reculer bien des hommes poli-
» tiques. Il s'engage en même temps à rétablir l'ordre légal, à
» imposer un frein aux passions violentes, à dompter l'insur-
» rection du Midi et à écraser les factieux, les carlistes, les
» Barbares du Nord. Il veut être le fondateur du gouvernement
» de la République démocratique et non pas le chef d'une réac-
» tion. Il a horreur de l'anarchie, il a horreur de l'absolutisme
» théocratique. Mais il ne consent à renoncer à aucun de ses
» principes, à aucune des conquêtes de la Révolution. Il ne
» veut payer l'ordre d'aucune concession que son parti et la
» démocratie pourraient un jour lui reprocher. Il croit seulement
» qu'il suffit de parler au peuple espagnol le langage de la rai-
» son, de lui montrer ses blessures saignantes pour obtenir de
» lui qu'il obéisse et qu'il se résigne aux exécutions nécessaires
» au salut de la patrie.

» Il faut le reconnaître : déjà le nouveau président du

» conseil des ministres de Madrid a entraîné, par la sincérité et » la fermeté de ses déclarations, non-seulement les applaudisse- » ments et les votes des Cortès, non-seulement l'approbation de » la nation, mais le concours de l'armée et des généraux qui, » sous ses ordres et au profit de la République, porteront les » derniers coups à l'abominable et sauvage insurrection roya- » liste. Déjà on peut dire que la discipline est rétablie dans les » régiments de l'armée républicaine, car les chefs ont retrouvé » tous les moyens de se faire obéir.

» Déjà M. Castelar a pu rappeler autour de lui, mettre au » service de son gouvernement et des Cortès, tous les généraux » qui possèdent une autorité sur les soldats espagnols, qui sont » capables de vaincre. Moriones est à la tête de l'armée du » Nord. D'autres encore, dont les noms sont populaires » et glorieux au delà des Pyrénées, se réunissent autour » du chef de l'Etat. Mais M. Castelar ne leur a pas seulement » fait accepter les commandements : il leur a fait accepter la » République. Il s'est confié à leur loyauté. Si l'Espagne le sou- » tient, ces généraux resteront fidèles à leur parole, et la guerre » atroce du prétendant royal aura eu pour conséquence une » réconciliation, comme dit M. de Falloux, qui mettra la Répu- » blique sous la garde invincible d'une armée véritablement » nationale.

» Espérons donc de meilleurs jours pour l'Espagne : nous » avons désormais de nombreuses raisons d'espérer. L'Espagne » républicaine a rencontré un homme de cœur et d'honneur, » un patriote, un démocrate, qui est un homme d'Etat. Elle a » un gouvernement qui ne se laissera arrêter dans l'accomplisse- » ment de son devoir par aucun obstacle et qui ne la trahira » certainement pas. Les tentatives anarchiques et carlistes s'é- » vanouiront bien vite, dès qu'il y aura une armée espagnole » qui marchera contre elles. » — *(République Française.)*

Le gouvernement de M. Castelar se trouve en présence d'adversaires auxquels il a déclaré une guerre sans merci. « Nous serions, a-t-il dit aux applaudissements du Congrès, nous serions non pas des hommes, mais des moines, si, pour ne pas répudier un instant nos dogmes, nous ne répondions pas à la guerre par la guerre, à l'incendie par l'incendie, à la mort par la mort ! »

Et dans cette œuvre formidable, l'intrépide dictateur aura pour lui le concours de toute l'Espagne. Il ne s'est pas trompé, le journaliste qui écrivait dernièrement : « Malgré toutes nos divisions, il y a une idée commune à tous les partis espagnols, la civilisation moderne ; il y a un sentiment dans lequel s'accordent tous les partis espagnols, le sentiment de la liberté. »

Or le parti que Castelar veut à jamais rejeter du sol martyrisé de sa patrie, c'est celui qui maudit la civilisation moderne et qui, selon une belle expression de M. Cherbuliez, « propose à l'Espagne de la délivrer de sa liberté. » C'est le parti qui veut lier à un cadavre ce peuple dont le sang circule si jeune et si chaud.

Mais, dit encore M. Cherbuliez, « Peuple, bourgeoisie, classes politiques, l'armée depuis les généraux jusqu'aux soldats, républicains fédéraux ou unitaires, monarchiques modérés, monarchiques conservateurs, progressistes ou radicaux, la Péninsule n'acceptera jamais ni pour son libérateur, ni pour son maître, ce revenant qui la menace du haut des montagnes de la Navarre et de la Biscaye, et qui, embarrassé de son métier de mort, se cache le visage pour n'être reconnu qu'à moitié. »

N'est-ce pas un monarchiste, M. Rios Rosas, qui s'écriait dernièrement au sein du Congrès :

« J'ai acquis la conviction que le troisième prétendant sera confondu dans son impuissance, comme le furent ses devanciers. Notre pauvre pays a beaucoup souffert ; il peut tout souffrir, même l'anarchie. Ce qu'il ne supportera jamais c'est le despotisme de don Carlos et de ses descendants, c'est la théocratie, c'est l'inquisition. Il faut le dire bien haut pour que la nation et l'Europe entière le sachent : jamais, jamais nous ne subirons le joug de don Carlos et des satellites de l'antique tyrannie. Tout nous est possible, moins cela ! »

L'Espagne le sait ; puisse l'Europe le savoir aussi, et agir en conséquence.

Les deux ennemis dont Castelar a juré l'anéantissement, il les nomme lui-même ; ce sont les deux démagogies, « dont l'une, la démagogie blanche est plus redoutable que la rouge, » et qui, du reste, se confondent dans le même délire anarchique.

Et ce langage énergique n'est pas inspiré par la tactique du moment, n'est pas une concession faite aux intérêts de la situation nouvelle qu'il occupe. De tout temps Castelar a mis ses principes sous la protection de la justice et de l'humanité, et répudié les violences *intransigeantes*.

Ce n'était pas pour les besoins du moment qu'il s'écriait dès 1869 (Discours du 16 mars) :

« Je hais, je déteste plus que personne les partis avancés; je hais, je déteste plus que personne la démagogie, parce que la démagogie croit que sa fièvre est la vie, et sa fièvre n'est qu'une phthisie. Oui, quand on a le suffrage universel, quand on a la liberté de la presse, quand on a le droit de réunion, quand on a le droit d'association, se soulever est plus qu'un crime politique, c'est de la démence, de la folie. »

On lira l'admirable péroraison de son discours, dans laquelle il déclare, dans un langage dont l'élévation porte le cachet d'une ardente conviction, que l'affermissement implacable de l'ordre et de l'autorité sont l'essence même de l'œuvre de combat qu'il entreprend. C'est en face de l'Europe qu'il prend l'engagement solennel de sauver l'ordre « coûte que coûte. »

Et voilà l'homme, voilà le gouvernement que les journaux de l'absolutisme essaient de faire passer pour un révolutionnaire dangereux, pour un ennemi de l'ordre social. Voilà le gouvernement que la République Française n'a pas encore voulu reconnaître !

Et cependant « l'ordre moral » contemple avec attendrissement les monstrueux exploits des coupe-jarrets tonsurés, des prêtres-bandits et des nobles-gueux qui font dérailler des trains, bâtonnent les alcades, fusillent les prisonniers et détroussent les passants; il salue la royauté errante et mendiante qui cyniquement s'abouche avec les tribuns de hasard de Carthagène, et complote avec les communards d'Espagne la ruine de la patrie !

Des fonctionnaires français peuvent impunément accorder une honteuse protection à des aventuriers politiques en cape blanche, promenant, la plume au vent, leur candidature perpétuelle, Don Quichottes de la désorganisation et du banditisme !

Maintenant que l'Espagne se groupe autour de l'honnête

homme, du grand citoyen, du lutteur intrépide entre les mains duquel elle a remis le salut de la patrie; après les paroles par lesquelles, du haut de la tribune, Castelar a rassuré la civilisation, le cabinet de Versailles serait sans excuse, s'il refusait plus longtemps l'honneur de ses relations à un gouvernement d'ordre public, d'ordre européen.

L'Espagne possède enfin un gouvernement énergique, qu'on ne peut accuser d'être complaisant pour le désordre, qui tient ferme et haut le drapeau national. Le gouvernement de la France se doit à lui-même de le reconnaître.

Qu'une déclaration depuis si longtemps souhaitée et désormais nécessaire vienne donc soulager la conscience publique et dissiper les rêves malsains des inventeurs d'interventions et de restaurations chimériques.

Qu'on sache enfin que le suppôt de l'inquisition et de la théocratie n'a rien à attendre de la Nation de 89!

Hippolyte Fénoux.

ÉMILE CASTELAR

ÉMILE CASTELAR

I

C'était en 1854.

Deux ans auparavant, le lendemain même de la chute de Rosas, j'étais rentré à Buenos-Ayres, la patrie de mon père bien aimé, assassiné par les bourreaux du tyran dans les rues de Monte-Video.

Suivant le conseil de plusieurs amis de la victime, j'avais fondé un journal avec mon cher frère, journal qui, après de modestes débuts, est aujourd'hui par son importance, par l'immense publicité et l'influence dont il jouit, un des premiers de l'Amérique.

A cette aurore de la régénération argentine, moment d'expansions intimes, de joies infinies, tous ceux qui parlaient de liberté, de justice et de démocratie, trouvaient un écho enthousiaste dans les cœurs qui s'éveillaient à la vie et à l'espérance.

Un soir on nous apporta le courrier d'Europe. De nombreux amis se trouvaient réunis à la rédaction de *La Tribuna*. On parcourait les journaux pour y chercher les nouvelles intéressantes, lorsqu'un de nous s'écria :

— Voici un discours magnifique, ardent, enthousiaste, plein de feu, prononcé dans une réunion au théâtre *de Oriente,* à Madrid.

— Par qui, demandai-je ?

— Par Emile Castelar.

C'était la première fois que nous entendions son nom.

Un des assistants prit le discours et se mit à le lire.

Quel agréable souvenir cette soirée me rappelle : Jamais je n'oublierai l'impression que me produisit cette lecture !

Le discours du jeune Castelar, — presque un enfant encore, perdu au milieu d'une grande assemblée comme un grain de sable dans l'immense solitude de la Pampa, — était un hymne enthousiaste en faveur de la liberté et de la démocratie

Jeunes comme lui, nous tous qui écoutions cette lecture, nous nous sentions tressaillir d'enthousiasme, et en même temps nous ressentions dès le premier instant cette sympathie intime et mystérieuse qui rapproche les âmes faites pour se comprendre, les hommes dans le cerveau desquels fermente la même idée, les soldats qui ont embrassé une même cause, et qui doivent marcher unis dans les triomphes et dans les défaites de la vie.

Le jour suivant, le discours de Castelar était publié dans *la Tribuna.*

Cette publication produisit une profonde impression, Il n'y eut qu'un sentiment dans le public, celui de l'admiration pour le jeune orateur ; qu'une seule impression, celle des sympathies qu'il éveillait pour la cause dont il prenait la défense contre le trône et contre la politique odieuse de Ferdinand VII.

II

Le journal espagnol, — *Las Novedades,* si ma mémoire est fidèle, — racontait dans quelles circonstances ce discours avait été prononcé, disait l'origine modeste et le jeune âge de Castelar, la simplicité de ses mœurs, en un mot tout ce qui, à distance, suffisait pour faire connaître l'orateur dont il nous apportait la révélation.

Le jour même où, sans s'en douter, Castelar obtenait cet éclatant succès sur les rives de la Plata, une heureuse pensée me vint à l'esprit : celle de me mettre en rapports avec lui.

Aussitôt que j'ai conçu une idée, j'aime à la mettre à exécution. Par le premier courrier, sans plus attendre, j'écrivis à Castelar pour lui proposer d'être le correspondant de *la Tribuna.*

La réponse fut l'envoi de sa première correspondance.

Depuis lors, Castelar n'a pas cessé d'être le correspondant de *la Tribuna,* dans laquelle il a trouvé une hospitalité franche, cordiale et toujours fidèle.

Un an après, son nom retentissait dans toute l'Amérique, où ses correspondances étaient reproduites avec d'incessants éloges. Aujourd'hui, il les adresse à douze ou quatorze journaux de différentes républiques, et son nom jouit d'une popularité à laquelle seule peut être comparée la popularité légendaire de Garibaldi.

Etudions maintenant l'origine de Castelar, puisqu'aussi bien sa gloire a cessé d'appartenir à l'Espagne pour appartenir à l'humanité toute entière qui, de même qu'elle a été glorieuse autrefois des Démosthènes, des Cicéron, des Mirabeau, peut aujourd'hui être fière de Castelar.

III

Il naquit à Cadix le 8 novembre 1832.

Son père, D. Manuel Castelar appartenait à une honnête et modeste famille d'agents de change, à Alicante, et sa mère, Doña Maria-Antonia Ripoll était fille d'un avocat et propriétaire de la même ville.

Ils s'étaient mariés en 1819, peu de temps avant la révolution de Riego.

Les deux familles étaient ardemment dévouées à la la cause libérale. D. Manuel Castelar, à cette époque encore très jeune, se compromit dans ces événements, et lorsque le roi restaura la monarchie absolue, il fut condamné à mort et obligé d'émigrer. Il passa sept ans dans les possessions anglaises, et principalement à Gibraltar.

Dans l'année 1831, les époux, que les difficultés de l'émigration avaient forcés, à leur grand chagrin, à une longue et pénible séparation, vinrent se réunir à Cadix, où naquit Emile Castelar.

D. Manuel était très adonné à l'étude, et sa bibliothèque était une des plus riches de Cadix, aussi bien en œuvres littéraires qu'historiques, politiques et économiques.

Exerçant les fonctions d'agent de change dans cette ville, comme il les avait exercées à Alicante, il jouissait d'une position aisée.

L'ambition de sa vie était de destiner son fils aux lettres et aux sciences.

Mais en 1839, ayant fait un voyage à Madrid, il mourut dans cette capitale, laissant sans ressources sa famille, qui ne possédait d'autre patrimoine que le travail de son chef.

Mais D. Maria-Antonia Ripoll, veuve dans la fleur de l'âge, était douée d'un cœur admirable, riche de toutes les vertus et d'un talent aussi grand que son cœur. Elle se consacra exclusivément à l'éducation de son fils, et à la réalisation de la pensée de son mari, en lui procurant une brillante éducation littéraire et scientifique qui lui permît d'être utile à sa famille et à son pays.

Tout ce que la bibliothèque contenait de précieux fut religieusement conservé, malgré la ruine et le malheur, pour aider à ce but, que la courageuse mère n'eut peut-être pas pu atteindre sans l'aide généreuse que lui prêta sa sœur Dona Maria-Francisca Ripoll, mariée et habitant à Elda, petite ville de la province d'Alicante, dame d'une rare beauté et d'un cœur plus admirable encore, qui ouvrit les portes de son foyer prospère à la veuve et compta parmi ses propres enfants les deux orphelins, Emile et sa sœur aînée, Concepcion Castelar.

IV

Ce trait fit des deux familles une seule, et aujourd'hui sont assis à la table de Castelar, vivant sous le même toit, les orphelines de cette généreuse tante ; il a adopté à son tour, comme ses propres enfants, les enfants de ses cousins défunts. Car, si son enfance se passa dans l'abondance, à l'époque où il commençait ses études, sa famille tomba dans une gêne voisine de la misère.

Sa mère le faisait lire pendant de longues heures, et

a su lui inspirer un tel goût de la lecture qu'il a conservé longtemps l'habitude de lire jusque dans les rues.

C'est à Elda qu'il apprit les premiers éléments et la langue latine. Ses traductions se faisaient remarquer de ses maîtres, non-seulement par leur exactitude, mais encore par l'élégance et la justesse de l'expression.

A treize ou quatorze ans, il avait composé déjà une foule de romans, brochures politiques, discours historiques et méditations religieuses. Mais aucun de ces essais de son enfance n'a été conservé. Le jeune écrivain les composait pour lui seul, et dans sa timidité et sa réserve, il s'empressait de les détruire, de peur qu'ils ne vinssent à tomber sous les yeux de quelqu'un.

Des amis d'enfance qui ont surpris quelques pages oubliées ou égarées, disent que Castelar se distinguait déjà par son originalité d'idées et par une éloquence extraordinaire.

En l'année 1845, lorsqu'il venait d'accomplir sa treizième année, il commença ses humanités à l'institut d'Alicante.

Il montra pour les sciences mathématiques, physiques et naturelles un éloignement aussi grand qu'était ardent son enthousiasme pour la philosophie, l'histoire et la littérature.

Dans un des cercles où se réunissaient les jeunes élèves de l'institut, il put révéler dès lors son talent d'écrivain et d'orateur.

Parmi ses adversaires actuels à la Chambre des députés, il en est qui, comme MM. Navarro et Gallostra, ont été ses condisciples, et qui, se rappelant ces tournois littéraires, sont les premiers à dire que déjà Emile Castelar laissait deviner les dons exceptionnels qui ont plus tard assuré sa renommée d'orateur dans les deux continents.

V

D'Alicante il passa à Madrid, en 1848.

Comme sa famille ne pouvait lui fournir que des subsides très bornés, il concourut, deux ans après son arrivée à Madrid, à une bourse vacante à l'école normale de philosophie. Il l'obtint entre quarante candidats et parvint ainsi, non-seulement à s'entretenir lui-même, mais encore à venir en aide à sa famille.

A cette époque encore, il prit part, dans l'Université de Madrid, à des luttes littéraires semblables à celles qu'il avait soutenues à l'institut d'Alicante, et ses compagnons, dont plusieurs sont arrivés aux premiers emplois de l'Etat, D. Antonio Canovas, D. Francisco de Paula Cavalejas, D. Emilio Alcala Galiano, témoignent aussi des qualités de premier ordre qu'il montrait déjà.

Vers 1849 il publia un petit journal, et son cousin, le célèbre orateur catholique D. Antonio Aparisi y Guijarro, ayant eu l'occasion de lire un de ses articles, disait à la mère d'Emile :

— Tante Maria Antonia, il faudra prendre grand soin de ce garçon, car d'après ce que promet le style brillant dont il habille des idées encore vagues, *il fera beaucoup de bruit dans le monde.*

Avec quel éclat devait s'accomplir cette prophétie !

La révolution de 1854 arriva. Jusqu'à ce moment, Castelar n'était pas ce qu'on peut appeler un homme connu.

Ses proches, ceux qui avaient cultivé cette admirable plante, ceux qui avaient assisté à l'éclosion de si rares facultés, ceux-là, assurément, pouvaient comme M. Guijarro, deviner qu'un jour Castelar, sans autre appui que son talent et son savoir, arriverait à la renommée. Mais son pays et ses concitoyens devaient l'ignorer jusqu'au jour de la révélation, révélation qui se produisit avec l'éclat d'un véritable événement.

Le moment opportun était venu. La révolution de 1854 agitait l'Espagne.

On assistait aux défaillances de ceux qui tremblaient de voir s'écrouler l'édifice du passé ; aux espérances de ceux qui s'enthousiasmaient à l'idée de voir la révolution opérer un changement complet dans la politique, dans le sort et dans l'avenir de la Patrie tant de fois compromis.

Les partis se remuaient.

Une grande réunion populaire fut organisée au théâtre *de Oriente.* La foule y était immense, plus grand encore l'enthousiasme qui y régnait. Plusieurs orateurs s'étaient fait entendre. Leurs discours, plus ou moins bons, avaient été plus ou moins applaudis ; mais rien de marquant ne s'était produit, aucune parole n'avait encore eu le pouvoir de faire vibrer au fond des âmes cet écho mystérieux qui réveille des émotions inconnues.

La séance était close officiellement.

La foule commençait à s'écouler, lorsque tout-à-coup on voit apparaître sur l'avant-scène un jeune homme de petite taille, de maintien modeste, presque timide, et qui d'une voix presque éteinte demande la parole.

VI

Au premier moment, personne ne veut l'entendre : personne ne le connaît, l'auditoire est fatigué ; et, qui peut deviner les élans qui vont tout à l'heure sortir de cette poitrine, les flammes qui vont illuminer ce front et éblouir l'auditoire ?

Comme poussé par une inspiration surnaturelle, Castelar — c'était lui, — Emile Castelar ne recule pas. Il insiste, il élève la voix, il prie humblement de l'écouter, et enfin la foule, qui n'a pas oublié ses traditions de courtoisie, la foule s'arrête, se calme, écoute....

Quelques minutes s'écoulent, et cet enfant inconnu qui tout à l'heure balbutiait à peine quelques mots, qui est là sans autre appui que sa foi, sans autre stimulant que le devoir, cet enfant domine déjà par sa parole, impose par son geste et entraîne par son éloquence!

L'indifférence se change en admiration, l'ennui en enthousiasme. Chaque parole excite un applaudissement, chaque phrase une explosion, qui prend les proportions du délire.

L'assemblée se trouve tout-à-coup en présence d'une *révélation* ; elle subit la fascination de cette parole nouvelle, jeune, inspirée, qui parle de la patrie, de la liberté et de la démocratie en un langage que relève, non-seulement la pompe d'une diction brillante et correcte, mais encore le prestige de la cause au nom de laquelle elle se fait entendre.

Ceux qui, tout à l'heure, ne voulaient pas l'entendre, suppliaient maintenant l'orateur de continuer.

L'ovation qui lui avait été faite pendant qu'il parlait continua encore lorsqu'il se fut tù.

Au moment où il descendit de la scène, la foule l'acclama, l'entoura, l'embrassa. Tout le monde voulait savoir le nom de cet inconnu qui, sans ostentation et sans pose, venait de conquérir la réputation d'un grand orateur.

Un moment, une occasion, — disait Napoléon, — et *un homme se fait*.

Un quart d'heure mis à profit, — ajoute Rabelais, — et la postérité est à moi.

Castelar trouva le moment, l'occasion et le *quart*

d'heure; le discours du théâtre *de Oriente* fut le piédestal de sa gloire, l'aurore de son avenir, le présage de sa destinée.

Le jour suivant, sa réputation était consacrée. Tout Madrid ne parlait pas d'autre chose.

Tous les journaux, sans distinction d'opinion, — laissant de côté le fonds du discours pour ne s'occuper que de la forme, — lui décernaient le plus glorieux tribut d'éloges que jamais ait recueilli un tribun, débutant sous de si modestes apparences.

La España, publication éminemment littéraire, rédigée par des hommes du plus grand mérite, émerveillée, comme tout le monde, de l'éloquence de Castelar et de l'effet prodigieux qu'avait produit son discours disait : « Il est destiné à remplacer tous nos grands orateurs, et à les remplacer avec avantage. »

Parler ainsi dans la partie de Donoso Cortès et de tant d'orateurs éminents qui ont illustré la tribune Espagnole, c'était reconnaître dans ce jeune homme, qui apparaissait modestement sur la scène du théâtre *de Oriente*, un génie de premier ordre dont la parole ferait, un jour, trembler les tyrans; c'était saluer le tribun auquel les masses enthousiastes devaient faire cortége sur le sol illustré par les exploits du Cid et de Gonzalve de Cordoue!

Et combien était fondée la prédiction de *La España*?

VII

Stimulé par ces suffrages unanimes, dans lesquels toutes les fractions politiques oubliaient leurs divisions pour ne se souvenir que d'une chose, c'est que Castelar était un Espagnol, applaudi par des Espagnols, le jeune orateur comprit sans doute les hautes destinées qui l'attendaient.

Profondément touché des manifestations sympathiques de la presse, il y répondit par une courte lettre, dictée par une émotion sincère.

Un passage y révélait le caractère de l'homme; il promettait à son pays et à ceux qui lui tendaient la main pour l'aider à monter que, jamais, « quelles que fussent les vicissitudes de sa vie, il n'abandonnerait la cause de la liberté et de la démocratie. »

La popularité de son nom dans l'un et l'autre continent date de ce jour mémorable pour lui, pour son avenir, pour sa gloire et pour nous tous, ses amis.

Loin de se laisser griser par son triomphe, il s'effraya lui-même de la fortune qui lui arrivait, et sans se considérer comme digne de tant d'honneur, il continua ses études avec une passion ardente.

Un certain jour, le gouvernement fait poursuivre un article de journal qui combattait ses idées politiques, L'accusé confie sa défense à Emile Castelar. Avait-il deviné que sa parole était un gage de succès ?

Castelar paraît devant le tribunal. Une foule immense l'entoure. Il parle, et non-seulement il convainc et entraîne l'auditoire, mais les juges cédant à ces flots d'éloquence qui les enveloppent acquittent le journal.

Ces triomphes du talent, de la parole, de l'idée mafestée en accents patriotiques et virils, la démocratie ne les oublie pas. Les démocrates d'Espagne ont salué depuis lors en Castelar un de ces tribuns qui apparaissent seulement de loin en loin comme les apôtres de toutes les causes justes, et qui combattent pour le droit.

Ce premier succès fut suivi d'un autre encore plus retentissant :

La Démocracia publie un article plein de vaillance et d'énergie sur la situation de l'Italie; c'était bien, cette fois, les idées de Castelar. Le gouvernement de la réaction le poursuit encore.

Les juges nomment parfois des défenseurs d'office : le « défenseur d'office » de ce juge suprême qu'on appelle le peuple était Emile Castelar. On lui remet la défense et il prononce devant le tribunal son discours *sur la liberté de l'Italie,* qui passera à la postérité, comme un monument d'éloquence.

Avec une pénétration profonde, il détache du livre de l'histoire les pages des temps reculés ; il met en jugement la papauté ; il évoque les souvenirs des grandes tyrannies qui avaient morcelé la patrie du Dante et de Pétrarque, et, étudiant avec une admirable puissance d'analyse la situation actuelle de la péninsule italienne, il prouve que l'auteur de l'article ne demandait rien qui ne fut une aspiration légitime de tout homme d'honneur, de tout Espagnol jaloux de suivre la tradition glorieuse de sa patrie.

Personne ne pouvait contester la force de ces arguments, et, comme la première fois, l'article fut acquitté !

VIII

Le bruit de cette défense et de ce nouveau triomphe produisit partout une profonde sensation. Ce ne furent pas seulement les journaux de Madrid qui l'en félicitèrent.

Ceux d'Italie firent de ce discours un veritable événement, et les hommes les plus éminents du pays qui a donné le jour à Garibaldi, tels que Mamiani, Tomasseo, sénateurs et députés, journalistes et poëtes, lui adressèrent une lettre dans laquelle, en termes aussi enthousiastes qu'affectueux, ils exaltaient sa conduite, et le remerciaient d'avoir pris avec tant d'éclat la défense de l'Italie.

Depuis lors, la renommée du nouvel orateur franchit les frontières de sa patrie, se répandit partout, saluée avec admiration par les uns, avec sympathie par tous ceux qui le comprenaient.

Mais Castelar ne devait pas se révéler uniquement comme orateur : la presse l'invitait aussi, et une imagination comme la sienne, avait besoin d'un vaste horizon pour s'étendre.

Il le comprit bien, et parut aussi à cet autre tribune, écrivant successivement dans *La Tribuna*, dans la *Soberania popular*, — dirigée par l'infortuné Sixto Camara — et dans *La Discusion*, jusqu'à ce que, plusieurs années après, il dirigeât *La Democracia*, journal exclusivement à lui qui, en contribuant puissamment, il est vrai, à fortifier sa réputation, le ruina complétement, par suite des incalculables amendes dont le gouvernement l'accabla à dessein.

A cette époque de sa vie, Castelar révéla des qualités admirables d'écrivain et de polémiste. Des hommes éminents comme Nicolas Maria Rivero avaient déployé depuis longtemps le drapeau de la république, mais aucun ne l'avait embrassé avec plus d'amour et de passion, avec plus de foi et d'enthousiasme.

J'ai toujours cru, quant à moi, que l'amour de la République est l'unique passion sérieuse qui ait régné dans le cœur de Castelar.

Se plaçant résolument face à face avec la monarchie il commença une campagne terrible contre le trône d'Isabelle II.

Les vices qui minaient la royauté par sa base ; les affronts que l'Espagne endurait, dominée par des gens qui la maintenaient en dehors du mouvement libéral du monde ; la faute de soutenir le pouvoir temporel du pape, condamné par tous les principes du droit, de la liberté et de la démocratie ; l'indigne présence à la cour de la sœur Patrocinio, une nonne fanatique et folle, et d'un moine immoral, le père Claret; les hontes qui souillaient le front de la noble nation Espagnole, gouvernée par un monarque qui avait rompu avec les traditions libérales de 1812, pour lancer le pays dans le courant d'un despotisme stupide et corrupteur, — tels étaient les thèmes offerts au rédacteur inspiré de *La Democracia*, et, nouvel Hercule, il déchargeait chaque jour de terribles coups sur l'édifice qu'il devait tant contribuer à renverser.

Aguerri sur le terrain doctrinaire, il ne l'était pas moins dans la polémique journalière, dans ce combat de chaque jour, de chaque instant, duel sans trêve ni repos, où souvent on laisse des parties de soi-même, et dans lequel souvent l'indifférence des égoïstes, sinon la calomnie des envieux, sont la seule récompense de l'abnégation, du sacrifice, de la conviction, du courage et des dégoûts des combattants.

Comme tous les grands apôtres de l'idée, Castelar, à l'exemple de Colomb, de Galilée, de Socrate et de tous les grands génies, fut martyr avant d'être héros. Il souffrit aussi les insultes, les persécutions, les ostracismes.

Confiant dans sa mission, rien ne pouvait l'arrêter.

La République est son idéal : travailler pour elle son devoir, souffrir pour elle la gloire de sa vie, et il se fait une religion de l'incarner dans la conscience populaire.

Castelar n'était déjà plus dans la presse un publiciste vulgaire, de ceux qui montent et descendent, qui surnagent ou s'abiment dans le courant impétueux de la politique. C'était un drapeau qui se levait, une idée faite homme, un programme qui s'affirmait, un parti qui venait franchement et résolûment disputer sa place dans l'arène politique, fort de son droit, animé par la grandeur de sa cause et plein de foi dans la justice qui dictait ses aspirations.

La presse réactionnaire et le trône le comprirent ainsi et commencèrent à le poursuivre avec l'intention manifeste de briser sa plume et d'étouffer sa voix, malgré les sympathies générales que Castelar inspirait à tous par la douceur de son caractère franc, ouvert, plein de bonté, par son honorabilité, sa loyauté et son talent, qu'on devait considérer comme une gloire nationale.

IX

Ainsi que je l'ai dit plus haut, Castelar n'avait pas de fortune; avec l'économie des modestes revenus que lui donnaient ses correspondances et l'aide d'un ami, il avait fondé *La Démocracia*. Cette circonstance n'était un mystère pour personne, et pour les hommes du pouvoir encore moins. Aussi adoptèrent-ils le système de frapper son journal de lourdes amendes, dans l'espoir de le tuer. Castelar résista jusqu'aux dernières limites, mais pour dominer et vaincre l'impossible la volonté et l'énergie ne suffisent pas toujours. Les amendes l'accablèrent et le journal dut succomber.

Ce coup, porté par la tyrannie la plus détestable, imposa silence dans la presse à un adversaire terrible du trône, à un homme qui par des articles comme *el Rasgo* (le cadeau),— sanglant anathème contre la maison régnante, — produisait dans les esprits et dans les masses cette impression décisive qui prépare le terrain aux changements radicaux dans l'existence des nations.

En décembre 1856 on avait mis au concours la chaire

d'histoire critique et philosophique. Castelar se présenta parmi les concurrents ; les premiers historiens du pays et les plus éminents professeurs de l'Université formaient le jury.

Le jeune candidat brilla, non seulement par l'éloquence incomparable de sa parole majestueuse et colorée, éclatante et fleurie, mais encore par son étonnante érudition, et les juges, séduits par la puissance de ce grand talent, lui accordèrent la chaire.

Ce triomphe devait être pour lui un des degrés qui l'ont conduit aux honneurs où il s'est élevé.

A la nouvelle de sa présence dans une chaire si importante de l'Université, la jeunesse des écoles ressentit une satisfaction bien naturelle. Elle se réjouissait de voir un homme encore au seuil de la jeunesse déjà revêtu de la faculté d'enseigner, prenant place parmi de vieux professeurs, sans crainte de se voir éclipsé par aucun d'eux.

Dès ses premières leçons, Castelar produisit une véritable révolution dans l'Université. Ce n'étaient pas seulement ses élèves qui se pressaient autour de lui pour l'écouter avec ce respect particulier auquel ont part l'admiration et l'enthousiasme aussi bien que la foi et le recueillement. On y voyait aussi des hommes dont les cheveux avaient blanchi sur les livres, et qui demeuraient stupéfaits devant l'érudition merveilleuse de Castelar ; ils suivaient avec admiration le jeune professeur tandis que sa pensée parcourait tous les âges, visitait tous les peuples, expliquait leurs origines, leurs mœurs, leurs luttes, leurs défaillances et leurs espérances, habile à tirer toujours de cette revue critique et philosophique une leçon profitable à la liberté et à la démocratie.

Castelar, en effet, comprit bientôt le véritable caractère que doit avoir chez tout peuple libre une chaire comme celle qu'il occupait.

En enseignant la science, l'histoire, la philosophie, on doit infuser aussi dans le cœur de la jeunesse, — toujours accessible aux nobles et généreuses idées — les grands principes proclamés par la Révolution de 89, qui donnent à l'homme la conscience de sa personnalité, en même temps qu'ils lui apprennent l'évangile de la fraternité et de l'égalité humaine. Sublime évangile qui efface les frontières, endort les passions et condamne les différences de caste, pour proclamer l'unité absolue du genre humain, sur l'éternelle base d'une justice distributive qui est douce parce qu'elle est à la portée de tous, qui est forte parce qu'elle n'abat pas l'une pour élever l'autre!

X

La chaire n'était pas cependant un champ assez vaste pour cette imagination hors ligne, dont l'élan ne connaissait ni bornes ni obstacles.

Sa situation de professeur lui imposait des devoirs auxquels sa conscience droite et honnête ne lui permettait pas de manquer. Il avait pour auditeurs assidus et enthousiastes des jeunes gens qui débutaient dans la vie et auxquels c'était, en effet, un devoir de patriotisme et de foi démocratique d'infuser dès lors les idées qui constituaient la croyance politique de Castelar.

C'est alors que Castelar entre dans l'Athénée, cercle littéraire de Madrid, au sein duquel s'est fait entendre la parole des orateurs les plus éminents de sa patrie, et c'est là qu'il fit ses conférences sur *la Civilisation dans les cinq premiers siècles du Christianisme*.

On peut dire que jamais aucun orateur n'avait excité

en Espagne autant d'enthousiasme et n'avait été écouté avec plus d'admiration et de sympathie.

Lorsqu'on annonçait que Castelar devait se faire entendre, le public était en émoi longtemps à l'avance et, plusieurs heures avant l'ouverture de la séance, une affluence énorme se pressait non seulement dans les salons mais encore dans les galeries de l'édifice.

Littérateurs, hommes politiques, poëtes et artistes accouraient comme à un rendez-vous d'honneur pour mêler leurs applaudissements à ceux d'une foule qui, véritablement fascinée par l'orateur, saluait chaque phrase, chaque parole par des acclamations passionnées.

Les discours que Castelar prononça à cette époque forment quatre grands volumes, de mille pages chacun. On ne saurait les lire sans être frappé d'une surprise qui va en augmentant à mesure qu'on découvre la prodigieuse érudition de ce jeune homme, qui évoque le tableau des temps les plus éloignés avec la fidélité d'un témoin oculaire, en retrace les événements avec une sûreté de coup d'œil digne des plus illustres historiens, et les revêt d'une pompe et d'une élégance de langage qui fait de cette lecture un perpétuel enchantement.

XI

Pour s'essayer dans un genre différent, Castelar, peu après avoir publié ses leçons sur les cinq premiers siècles du Christianisme, fit paraître deux romans, *La Sœur de Charité* et *Ernest*.

J'en ferai franchement l'aveu : ces deux romans sont indignes de son talent. Le roman repose sur l'intrigue agencée avec art et le plus naturellement possible, afin de faire passer pour réalité le caprice de la fiction. C'est la création d'un type possible, sinon toujours vraisemblable, qui excite l'intérêt, se présente sans effort et disparaît sans violence.

Dans les deux romans de Castelar il n'y a rien de tel. Ils renferment avant tout, et particulièrement *La Sœur de Charité*, les descriptions poëtiques, fantastiques, brillamment colorées, des sites où se passent les scènes, et aussi la narration des incidents et des causes qui les amènent. Les personnages ne paraissent que comme un *accessoire*. Dans ces pages tout illuminées par la flamme d'une imagination ardente, il est facile de voir que Castelar a tout sacrifié à la partie descriptive.

Pour que le roman captive l'intérêt il faut, il est vrai, qu'il soit habillement enrichi de descriptions telles que les ont semées dans leurs œuvres Dumas, Sue, Dickens, Gautier, Walter Scott, Manzoni, Herculano, Châteaubriand et autres féconds romanciers. Mais comme eux, il faut aussi que l'auteur qui aborde ce genre de littérature n'abuse pas des couleurs de sa palette pour peindre des tableaux éblouissants où les personages n'apparaissent plus que comme des ombres à peine visibles.

Un roman écrit dans de telles conditions me fait l'effet d'un palais meublé avec un luxe oriental, pour que le maître ne fasse ensuite que le traverser à la hâte.

S'il ne doit pas l'habiter à qui bon tant de luxe?

Castelar n'a pas évité cette faute; il a construit des palais enchantés pour des hôtes qui y paraissent à peine...

Je crois me rappeler avoir entendu Castelar déclarer quelquefois que « s'il pouvait, il condamnerait au bûcher ses deux romans. »

Cette sévérité l'honore.

XII

En revanche il publia vers la même époque un livre qui produisit une véritable révolution dans toute l'Espagne. Elle avait pour titre : *La formule du Progrès.*

Sur ce terrain, Castelar marchait non seulement avec la confiance d'un homme assez maître de son sujet pour ne pas se laisser égarer, mais encore avec la fermeté inébranlable d'un patriote qui se croit autorisé à formuler pour son pays un programme de rénovation : il voulait exhorter sa patrie bien-aimée à sortir de la prostration où l'avaient tenue les gouvernements qui trafiquaient avec sa liberté et méconnaissaient les droits du peuple.

L'histoires des apostasies des partis; la responsabilité qui pèse sur les rois dont le gouvernement conduisit la nation de Guzman et de Pelayo à l'état où elle était réduite; les principes de la démocratie moderne étudiés à la lumière de la philosophie et de l'histoire; leur facile application à un peuple qui a prouvé combien il les aime, telles sont les questions que Castelar traitait de main de maître dans cet écrit.

Ainsi s'explique l'importance que tous les partis lui donnèrent. Une ardente et longue polémique s'engagea, à laquelle prirent part, pour ou contre, des écrivains tels que Campoamor, Valero, Carlos Rubio, Calixto Berral et cent autres.

Chacun devait comprendre, en effet, quelle influence devaient exercer les doctrines de Castelar, qui, se plaçant franchement et résolûment sur le terrain pratique, résumait dans sa « formule du progrès » les principes et les théories qui devaient gouverner l'Espagne.

Ceux qui jusqu'alors avaient pu croire que le célèbre tribun ne serait pas autre chose qu'un *rêveur*, un de ces hommes dont l'imagination se plaît à idéaliser de plus en plus la République imaginée par Platon, furent obligés de convenir que le jeune démocrate s'agitait dans le monde de la réalité et du patriotisme. Ne traçait-il pas un programme politique dont l'avénement devait faire de l'Espagne une nation libre et constituée sur les bases du droit et de la démocratie, ainsi qu'elle s'était montrée autrefois héroïque et chevaleresque dans les combats et dans la propagande civilisatrice?

Il n'y eut pas un seul journal qui ne s'occupât de la fameuse brochure, dont on fit de nombreuses éditions, et qui fut reproduite dans les principaux journaux de l'Amérique, où la réputation de Castelar allait croissant de jour en jour et d'heure en heure.

XIII

Sous de tels auspices, son entrée dans la politique avait été aussi bruyante qu'heureuse. De là vient le prestige qu'eût *La Démocracia* dès son apparition.

Tandis qu'il dirigeait ce journal, il fut un jour mandé au palais et eut avec la reine Isabelle une longue conférence.

Certes, il faut sévèrement accuser la souveraine d'avoir maintenu un système politique qui devait fatalement amener sa chute, mais il faut aussi reconnaître la séduction qu'elle exerçait comme femme.

Il est impossible d'approcher d'Isabelle, de s'entretenir avec elle, sans se sentir attiré et gagné par sa conversation et par la délicatesse de ses manières.

Avec la conscience de ce pouvoir qu'exerce toujours

la femme, et qui est bien plus irrésistible si son front est couronné, Isabelle prodigua au jeune républicain toutes sortes de promesses, mais le chaste Joseph de la démocratie sut résister vaillamment à ces tentations en se conservant pur et inébranlable dans ses idées.

Pourtant, à partir du jour de cette entrevue, Castelar, s'il continua à se montrer l'adversaire implacable de la fille de Ferdinand VII, se montra toujours plein d'égards pour la *señora*.

En l'année 1865, pendant la guerre d'Afrique, si notre mémoire est fidèle, la reine fit don à la nation de ses biens patrimoniaux.

Les airs retentirent aussitôt des démonstrations d'enthousiasme et de reconnaissance que ce trait de « sublime patriotisme » inspirait aux courtisans et aux flatteurs. Mais Castelar ne se laissa pas séduire, ni prendre à ce piége doré.

Bien loin de là, entraîné par un sentiment de vérité et d'honnêteté, il prit la plume, et dans un de ces articles dont la redoutable éloquence est inspirée par la justice et la conscience, il démontra que ces biens n'appartenaient pas à la reine, et que, par conséquent, elle devait rendre compte à la nation du temps qu'elle en avait joui sans droit, et en rembourser les arrérages illégalement perçus.

Profonde sensation dans Madrid d'abord, et ensuite dans la Péninsule. En un jour, en une heure, l'opinion éprouva un revirement complet. Telle est la puissance de la vérité !

La Sémélé de l'olympe du Palais Royal se sentit blessée, et les demi-dieux qui l'entouraient, loin de vouloir arrêter la foudre, contribuèrent à enflammer sa colère et son ressentiment.

Castelar ne tarda pas être le point de mire de ces furies olympiques.

L'article fut condamné, et, comme si ce châtiment ne suffisait pas, le célèbre Narvaez, qui était alors au ministère, décréta que la chaire de professeur serait enlevée à l'auteur, qu'on dépouillait ainsi de sa propriété légitime, puisqu'il l'avait acquise par son talent, à la suite d'un concours public et solennel.

Les despotes ne comprendront-ils donc jamais que les persécutions qu'ils exercent contre les doctrines et les idées produisent l'effet contraire à celui qu'ils se proposent ?

En cette circonstance, comme en maintes autres, Narvaez put s'en convaincre.

Les élèves de l'Université, indignés de l'attentat dont était victime le professeur que leurs sympathies préféraient, organisèrent une grande manifestation qu'on fit disperser par la force armée. Mais ce triomphe fut éphémère. Narvaez tomba et Castelar fut réintégré dans sa chaire, où plus que jamais on vint l'écouter avec admiration et respect.

XIV

La révolution de juin 1866 arriva enfin.

L'homme qui avait su créer dans la presse un parti qu'il inspirait et qui lui obéissait ; l'apôtre qui n'avait cessé de dénoncer la situation honteuse de son pays, ne pouvait rester témoin inactif de la lutte. L'honneur lui marquait son poste et Castelar, obéissant à sa foi profonde, descendit dans la rue et combattit courageusement à côté de ses co-religionnaires jusqu'à ce qu'ils fussent vaincus.

Pour échapper aux mains du pouvoir, il se réfugia à la légation des Etats-Unis d'où il put, non sans courir de grands risques, gagner la France.

Napoléon, qui ne se contentait pas de tenir sous sa tyrannie le peuple de 89, et qui s'était constitué le geôlier de tous ceux qui, comme lui, confisquaient la liberté, ne lui permit pas de résider à la frontière; expulsé du territoire français, Castelar passa en Suisse.

Il reçut là, un matin, l'avis de sa condamnation à mort comme rebelle. On l'avait condamné à mourir *en garrote vil !*

Proh pudor !

Voilà les prouesses que pouvaient raconter à leurs enfants ceux qui, avant la révolution de Cadix, avaient transformé l'Espagne en une immense prison d'Etat, où régnait le culte de Philippe II.

L'émigration fut pour Castelar une véritable école, à laquelle il put rectifier le jugement de sa première jeunesse, fortifier son puissant esprit par la contemplation constante et méthodique des grands spectacles qu'il avait sous les yeux, et faire une comparaison sérieuse et philosophique entre les divers pays où l'exil porta ses pas. Ces graves leçons achevèrent de murir cette organisation privilégiée, qui comptera assurément parmi les plus parfaites.

En des pages qui resteront, il a retracé ses impressions de touriste. Je ne connais rien de comparable à certaines descriptions qu'on y trouve et surtout à celles que ne pouvait manquer de lui inspirer son séjour en Italie.

La description de Venise et celle de la Chapelle Sixtine sont vraiment des monuments de style et d'érudition. On ne sait, en les lisant, ce qu'on doit admirer le plus, de la clarté élégante de ce style toujours original et primesautier, ou de la compétence variée avec laquelle Castelar parle des arts, de l'architecture, et de tout ce qui constitue des sciences spéciales, qu'on ne connaît d'ordinaire qu'après de longues années d'études constantes.

L'éminent écrivain n'a pas manqué cependant de soulever des critiques qui, — surtout dans notre Amérique, — l'ont accusé d'être, à l'excès, prodigue d'images.

Il est incontestable que nul écrivain moderne n'a fait des images un usage aussi fréquent que notre ami. Mais pourquoi?

Parce qu'ils ne veulent pas, on parcequ'ils *ne peuvent pas*?

Je croirais volontiers au second motif; car il n'est actuellement en Europe aucun écrivain qui soit doué d'une imagination aussi féconde et aussi brillante que celle de Castelar : c'est un jour sans nuages; une fleur au parfum inépuisable; une palette que chaque matin une main invisible enrichit de nouvelles couleurs; un arc-en-ciel qui, au lieu d'être fixe, flotte et varie ses feux en produisant d'éblouissantes transfigurations.

XV

Pour que cette critique adressée à son style fut fondée, il faudrait examiner sincèrement si, en semant ses écrits de cette profusion d'images, Castelar sacrifie le fond à la forme et prétend éblouir par l'amas de mots sonores mais vides.

Je crois que personne ne peut insinuer cette accusation et encore moins la soutenir.

Si son style éblouit, ce qui surprend le plus dans ses écrits, c'est précisément l'universalité de ses connaissances, car il n'aborde jamais une question, politique, sociale, artistique, philosophique ou littéraire, sans faire preuve d'une prodigieuse érudition.

Si tous ses ouvrages n'étaient là pour le prouver,

il suffirait, pour lui assurer une réputation colossale, de citer la *Redencion del esclavo* et ses études sur Byron et ses poësies. Dans ces études, Castelar se montre tout à la fois : littérateur, poëte, historien, philosophe, critique, antiquaire, archéologue et naturaliste.

Mais je m'éloigne de mon but qui n'est, certes pas, dans un article écrit au courant de la plume et dans des proportions limitées, de faire un jugement critique des œuvres de Castelar.

Suivons-le donc dans sa glorieuse carrière pour le conduire au sein du Congrès de sa patrie, d'où sa parole puissante étonne et émeut l'Europe entière.

XVI

Par une belle soirée de printemps, en 1867, je me promenais avec Emile Castelar dans le petit jardin de la pittoresque maison qu'il habitait à Auteuil, lorsque, se tournant vers moi, il me dit, avec une expression grave :

« Heureux sera le jour où j'aurai sous les pieds la grande tribune espagnole, et où je pourrai faire entendre ma voix dans le Congrès de ma patrie ! »

Combien je comprenais alors sa légitime ambition !

Castelar avait pris les proportions d'une grande figure politique : qu'il parlât ou qu'il écrivit, son langage était écouté avec respect et enthousiasme ; il avait la conscience de sa propre force : apôtre d'une idée et d'une cause, on ne pouvait se dissimuler que le jour où il descendrait dans l'arène parlementaire de son pays, son prestige devait grandir, sa renommée d'orateur se fortifier et sa gloire recevoir une consécration suprême.

Cependant ni lui ni personne ne pouvait espérer qu'il put arriver à la députation sous ce régime dont l'arbitraire l'avait violemment arraché de sa chaire, qui avait brisé ses presses, tué *La Democracia* sous d'innombrables amendes et qui l'avait condamné lui-même à un supplice infâme.

Certes, si la volonté populaire eût été consultée, partout on se serait disputé l'honneur de l'envoyer aux Cortès.

Mais, qui pouvait lutter contre les rouages officiels ?

C'était évidemment une question de temps, et Castelar, le comprenant ainsi, se résignait à attendre qu'un changement politique permît à ses compatriotes de le nommer, en comblant la légitime ambition de sa vie.

XVII

Enfin le jour si ardemment désiré arriva !

La révolution de septembre décréta la déchéance d'Isabelle II, et la nation, se levant pour reconquérir ses libertés confisquées, vit poindre à ses horizons une lueur d'espérance !

Les Cortès dissoutes, il devenait nécessaire d'en nommer d'autres, qui fussent la véritable expression du mouvement de l'opinion. Le nouveau gouvernement appela le pays au scrutin.

La candidature de Castelar fut produite de toutes parts.

Partout ses compatriotes firent de son élection une question d'honneur. Ce n'était pas seulement un acte de justice nationale, c'était aussi un acte de fierté nationale.

Pour le faire entrer à la Chambre, tout militait en sa faveur : sa grande autorité d'orateur ; sa situation de chef naturel du parti républicain ; le prestige dont l'entouraient les persécutions qu'il avait subies de la tyrannie du gouvernement déchu.

L'attente fut réalisée : l'illustre tribun fut élu député par plusieurs provinces, honneur que peu d'hommes politiques ont obtenu.

Cette élection ne fut pas considérée comme un des incidents que la politique amène avec plus ou moins de logique : ce fut un véritable événement.

Tous les esprits en attendaient les résultats, avec une certaine anxiété, avec un sentiment de curiosité grave, pourrait-on dire.

Une fois assis au sein du Parlement, Castelar allait-il se montrer à la hauteur de la réputation que lui avaient acquise ses discours à l'Athénée ?

Sa parole allait-elle obtenir dans les Cortès la même influence que lui avaient value les jugements de la presse d'où sa renommée était sortie victorieuse ?

Beaucoup doutaient et pensaient que la tribune parlementaire ne serait pas un théâtre propice aux qualités particulières de l'éminent orateur, qui avait su jusqu'alors captiver ses auditeurs.

Mais avec sa vue perçante et sa droite intelligence, Castelar sut heureusement dominer la situation.

XVIII

Il entre donc à la Chambre.

Moment solennel entre tous pour lui.

L'attention générale était suspendue à ses lèvres.

Eh bien ! Castelar ne trompa point les espérances de ceux qui n'avaient pas douté de lui, ne donna point raison à ceux qui attendaient, non pas un *fiasco*, — un orateur de sa taille n'en pouvait courir le danger, — mais qui croyaient que son éloquence ne serait pas digne de la tribune. Il révéla tout d'abord une face nouvelle de son talent, en se montrant un de ces orateurs qui sont l'étonnement d'un parlement, la gloire d'une nation et l'admiration du monde.

Je puis le dire ici hautement, sans exagération ni vaines réticences, — appuyé sur le témoignage des premiers critiques de la vieille Europe, — du jour où Emilie Castelar se fit entendre au parlement, il fut considéré comme le premier, le plus notable, le plus fécond et le plus brillant, entre les premiers orateurs de l'Europe.

Cette conclusion pourrait suffire à mon étude, car elle dit tout. Tout ce que je pourrais ajouter sur les prodigieuses facultés de cet homme éminent, ne saurait être plus significatif que le suffrage unanime des juges les plus compétents.

Cependant, j'ajouterai encore quelques réflexions.

Les discours politiques qu'il a prononcés au Parlement forment déjà plusieurs volumes. Il est difficile, en les lisant, de dire lequel est le meilleur ; mais il n'est pas difficile de juger, — dans cet ensemble vraiment merveilleux, — les incomparables facultés de ce colosse d'éloquence.

En Castelar, on trouve réuni tout ce qui constitue le grand orateur : force de la logique et de l'analyse dans l'exposition des faits; élans sublimes pour séduire d'abord, convaincre ensuite, et entraîner enfin l'auditeur ébloui par l'éclat des trésors de cette imagination ; cris impétueux de patriotisme sincère, qui frappent d'épouvante l'ennemi battu d'avance ; effusions délicates d'amour et de tendresse, qui conquièrent les âmes, qui font sentir ce qu'il sent et aimer ce qu'il aime ; implacable sévérité lorsque, véritable apôtre d'une sainte croisade, il inflige ses jugements, en paroles de feu, aux traîtres apostats qui ont livré la liberté, aux transfuges qui l'ont avilie.

Ses plus acharnés adversaires l'ont avoué, Castelar fait de sa parole ce qu'il veut : il émeut et il indigne, il charme et il irrite, il arrache les larmes ou soulève les colères, et, tandis qu'on l'écoute, on se croit ravi dans les harmonies d'un autre monde et d'une autre vie.

Sous ce rapport, il a conquis un privilège que n'a obtenu au même degré aucun orateur ancien ou moderne : se faire écouter toujours, et toujours avec un respect religieux.

Ses partisans fascinés s'enthousiasment; ses adversaires admirent et applaudissent. Sa parole a un pouvoir vraiment magique, qui explique les succès inouïs, qu'il a obtenus depuis qu'il se dresse à la tribune.

Ses discours ont été traduits dans toutes les langues, honneur que n'avait encore obtenu aucun orateur moderne, et qui confirme pleinement le jugement de ceux qui l'appellent *le premier orateur de l'Europe.*

Moi qui ai eu le bonheur de les entendre presque tous; si, — tout en reconnaissant que ma compétence manque d'autorité; — si je prends plaisir à dire que rien n'est plus juste que l'opinion qu'on a ici de Castelar, et si je m'aventure à répéter ces louanges, c'est pour l'unique motif que l'éloquence est peut-être la seule chose que les Américains n'aient pas à venir apprendre dans l'ancien monde.

Oui, qu'il me soit permis de l'affirmer ici avec un certain orgueil national, en Amérique on parle admirablement, encore que la modestie du sujet et l'insignifiance des événements ne permettent pas toujours à l'orateur de révéler toutes les élégances de son génie, toutes les ressources de son éloquence.

C'est pour cela que nous admirons Emile Castelar. Que nous lisions ses discours ou que nous les écoutions, nous y retrouvons cette éternelle fraicheur qui est le charme de l'éloquence américaine et cet accent entraînant de conviction et de patriotisme, qui ne peut venir que du cœur d'un honnête républicain.

HECTOR.-F. VARELA.

POST-SCRIPTUM.

Les chapitres précédents ont été écrits quand l'Espagne se trouvait encore sous la tutelle d'un prince étranger, quand Castelar n'avait encore d'autre autorité que celle que lui valait son immense talent.

La République proclamée, tous les regards, toutes les espérances se tournèrent vers lui. Il était aisé de prévoir le rôle que l'illustre tribun allait être appelé à jouer.

La grande place que son éloquence avait toujours occupée au parlement de sa Patrie ; le sens pratique qu'il avait révélé dans tous ses discours, et par-dessus tout, la popularité sans exemple qui l'entourait ; tous les éléments, enfin, de sa glorieuse renommée, le désignaient d'avance pour prendre place parmi les élus du nouveau gouvernement.

C'est en effet ce qui arriva, et les Cortès le nommèrent, presque à l'unanimité, ministre des affaires étrangères.

Dans un poste si délicat, M. Castelar, que l'Europe ne connaissait encore que comme le premier des orateurs espagnols, a mis en œuvre toutes les capacités d'un véritable homme d'Etat, et donné des preuves nouvelles de son aptitude aux affaires.

Il fut ensuite appelé à la présidence des Cortès, et sa popularité, encore affermie dans ces hautes fonctions, l'a porté aujourd'hui à la tête du pouvoir exécutif de la République espagnole.

Mon sympathique collaborateur et ami H. Fénoux,

rédacteur du *Havre*, a déjà marqué, avec la sincère éloquence de ses convictions républicaines, le grand rôle réservé dans les évènements actuels à Emile Castelar.

Je me réserve d'étudier aussi dans une prochaine publication, les premiers actes de gouvernement de l'illustre chef de la République espagnole, — car je vois avec bonheur, dans l'avènement du talent et de la probité de ce grand patriote, de ce républicain sans tache et sans peur, à la plus haute magistrature de ce généreux pays, le gage d'une éclatante victoire pour la démocratie, pour la cause de l'ordre véritable.

H.-F. V.

APPENDICE

DISCOURS-PROGRAMME

De Don Emilio CASTELAR

Prononcé aux Cortès dans la Séance du 8 Septembre 1873

Messieurs les députés,

Le jour où vous m'avez fait monter au siége de la présidence, qui est le lieu le plus éminent de la nation, je vous ai rendu grâces, profondément ému par cet honneur au-dessus de mes mérites.

Aujourd'hui, je vous remercie aussi pour la confiance que vous m'avez témoignée ; mais la responsabilité de cette charge est si grande et les forces sur lesquelles je compte pour la supporter sont si petites que je ne puis pas manifester une égale reconnaissance ; loin de là, je me vois dans le cas de vous adresser quelques plaintes pour m'avoir mis dans cette position si triste, si douloureuse.

J'ai appuyé tous les gouvernements qui se sont succédé ici depuis la fondation de la République, d'abord parce que je croyais que la stabilité des gouvernements était une condition vitale de cette République ; ensuite parce que j'aurais voulu voir nos hommes les plus illustres maintenir, défendre, sauver la situation, sans que je sois forcé, moi, de prendre part au gouvernement. J'ai toujours désiré que ce calice amer fût éloigné de mes lèvres.

Ah ! Messieurs les députés, s'il m'avait été possible de m'esquiver, de me cacher, j'aurais fui, je me serais caché ; mais je ne puis ni me cacher ni fuir, parce que la terre manque sous mes pieds, parce que l'air est chargé de tempêtes, parce qu'on fuit la félicité, le laurier, la récompense, mais non pas la responsabilité, les obstacles et le péril.

Une seule considération m'encourage et me soutient : la considération que s'il y a des hommes d'une intelligence plus grande que la mienne, d'idées plus élevées que les miennes, des hommes mieux doués que moi pour gouverner, nul ne peut me surpasser en fait d'amour de la liberté, de la République, de la démocratie, de la patrie!.....

Je n'ai guère besoin de dire ce que nous sommes, ce que nous représentons, ce que nous voulons. Nous sommes, nous représentons, nous voulons ce que représente, ce que veut l'immense majorité de cette Chambre.

Destinés à remplacer un ministre illustre, destinés à lui succéder et n'étant séparés de lui que pour une question concrète d'application des lois, j'ai à peine besoin de dire que nous sommes résolus à imiter son énergie pour le rétablissement de l'ordre et de l'autorité. Ainsi, en réalité, il n'y a pas eu d'interruption.

Pour ce qui me concerne, Messieurs, ce que je pense, ce que je sens, ce que je désire, je l'ai dit bien souvent dans l'opposition; par conséquent, je ne vous dirai rien, absolument rien de nouveau. Du reste, je crois que si la presse et la tribune sont l'intelligence, le gouvernement est la volonté. Je crois que sur ce banc, il ne convient pas de prononcer des discours éloquents ou conformes à la rhétorique. A la place que j'occupe, le meilleur discours est l'acte qui montre la volonté énergique d'appliquer les idées telles que le cœur les sent, que la circonstance les juge. *(Applaudissements)*.

Ainsi nous sommes ici ce que nous fûmes partout. Nous représentons ici la liberté, ce grand principe qui distingue les hommes des autres créatures, ce grand principe qui distingue les nations incultes ou mortes des nations civilisées ; la liberté sans laquelle la vie est triste, odieuse, impossible.

Oui, nous représentons la liberté. Nous représentons aussi la démocratie, la démocratie venue au pouvoir avec la révolution de septembre et qui ne peut plus être étouffée ni falsifiée. Qu'on le veuille ou qu'on ne le veuille pas, qu'on s'en réjouisse ou qu'on le déplore, la vérité est qu'une fois les vieilles castes disparues, la théocratie morte, la monarchie absolue morte également dans la conscience et dans l'espace, par les miracles de l'industrie, par les prodiges de la presse, par le concours de toutes les forces de la nature employées à notre service, par le télégraphe qui a mis la foudre dans nos mains, par la vapeur qui a supprimé les distances, les classes inférieures jadis abattues, jadis abjectes, se sont élevées jusqu'aux sommets de la société pour exiger la liberté, pour apporter l'égalité et la fraternité à tous les citoyens, à tous les hommes.

Oui, nous sommes la liberté, la démocratie. Nous représentons aussi la république, cette forme qui a remplacé les formes antiques et qu'on ne pourra plus arracher de l'Espagne sans arracher en même temps les entrailles de la génération présente. *(Applaudissements)*.

Enfin, outre la liberté, outre la démocratie, outre la république, nous représentons la « fédération », qui distribue les autonomies entre les individus, les municipes, les provinces, les Etats ; non pas en rompant, mais, au contraire, en assurant la plus belle conception politique des temps modernes, l'unité de la patrie, l'unité de la nation.

Oui, Messieurs les députés, « l'unité nationale, l'intégrité nationale », ces grands principes que nos pères ont cherché à réaliser depuis le septième siècle, à travers tant de combats, jusqu'à ce qu'enfin le jour même où le grand œuvre de l'unité nationale fut achevé, le jour même où la croix de Grenade brilla sur les tours de l'Alhambra, un nouveau monde, dilatation de notre esprit et de notre gloire, surgit pour nous derrière l'Océan comme si Dieu avait voulu récompenser nos efforts à la fin de la journée !... *(Applaudissements.)*

Cette unité de la patrie est un intérêt supérieur aux intérêts de tous les partis ; nul ne peut la rompre, nul ne peut l'attaquer. L'insensé qui attenterait à l'unité nationale mourrait honteusement, chargé de la haine des citoyens et des malédictions de l'histoire ... *(Applaudissements.)*

Tous ces principes, messieurs les députés, sont représentés par la majorité de cette Chambre. Mais suffit-il de dire : Voilà ce que nous sommes, voilà ce que nous représentons ? Non ! il faut déclarer que pour réaliser nos idées, nous avons un procédé, un procédé auquel nous serons fidèles jusqu'à la mort.

Il y a longtemps que le parti républicain est divisé pour des questions de conduite, de procédés. Là *(montrant la gauche)* se trouvent ceux qui ont toujours préféré la révolution à la propagande, qui ont toujours préféré la barricade à la tribune, qui ont toujours préféré les commotions populaires aux mouvements de la conscience. Ici, de notre côté, sur les bancs de l'immense majorité de la Chambre sont assis des hommes qui ont toujours eu foi en la vertu des principes. Nous avons toujours condamné les révolutions non forcées, et nous sommes aujourd'hui résolus à défendre la légalité, à maintenir l'autorité, à défendre le gouvernement contre les passions qui tâchent de l'envahir, à sauver, avec plus d'énergie que nos anciens rois, la sécurité de la société, la liberté, la justice (*Applaudissements*).

Et nous appelons à cette œuvre tous les partis libéraux, après avoir appelé tous les Espagnols sans exception.

Mais, nous dira-t-on, il y a là une sorte de contradiction; car enfin qui êtes-vous? — Nous sommes le parti républicain historique, nous détenons le pouvoir au nom de ce parti, nous le conserverons pour ce parti, nous le déposerons entre les mains de ce parti. Seulement, tout en affirmant cela, nous croyons, nous avons le droit de croire qu'il est nécessaire d'appeler à la vie, d'appeler aux comices, d'appeler aux conseils généraux, d'appeler au Congrès tous les partis, absolument tous les partis, afin que la République, laquelle est le mouvement et le renouvellement perpétuels, ne se pétrifie pas aux mains d'un seul parti, afin qu'elle se compose de tous, qu'elle soit défendue par tous, et qu'elle profite à tous! (*Applaudissements.*)

Mais l'on nous dit encore : Si vous voulez cela, si vous demandez le concours de tous les partis libéraux, pourquoi divisez-vous le parti républicain? Ah! Messieurs, ce n'est pas nous qui divisons ce parti en deux camps. Nous désirons le concours de tous les républicains, nous le demandons, nous en avons besoin. Mais voici ce que nous pensons de vous, Messieurs de l'extrême gauche, voici ce que nous craignons (je n'ai pu le dire franchement ailleurs, mais je le dirai ici à ce poste de combat); nous craignons que, sans le vouloir, vous ne livriez, la démocratie à ce mal que déjà les philosophes antiques signalaient comme la cause de sa perdition et de sa mort; que vous ne la livriez à la démogagie qui conspire éternellement dans l'ombre; à la démagogie qui convoite et ne pense pas; à la démagogie qui n'a que de mauvais instincts; à la démagogie qui ne prêche au peuple que la vengeance, au lieu de lui enseigner la justice; à la démagogie qui représente comme un idéal les plus épouvantables moments de la Révolution Française, alors que ces tristes jours ont fait prendre la République en horreur; à la démagogie qui se chauffe aux incendies de Paris et de Séville; à la démagogie qui produit la terreur sociale, et fait monter sur les épaules de quelques faux tribuns les Césars, les Bonaparte, les Rosas, les Iturbide, pour laisser une tache éternelle sur les nations égarées, une ombre éternelle dans la conscience humaine!... *(Grands applaudissements).* Cela, nous le réprouvons, nous le condamnons, nous n'en voulons en aucune façon. A cet élément nous nous opposerons de toutes nos forces, avec toute l'énergie de notre autorité; et nous le combattrons, non-seulement parce que tel est le devoir de tout gouvernement, mais aussi parce qu'il y a dans cette lutte acharnée une nécessité de la démocratie contemporaine.

La démocratie a perdu beaucoup de terrain, la démocratie est mise en danger de mort, non par les Césars, mais par les démagogues. Et cela, je l'ai dit mille fois du temps que je m'asseyais sur les bancs de la gauche. Notre désir a toujours été de faire du parti républicain un parti de gouvernement, et pour arriver à ce but nous avons toujours combattu la démagogie par la parole. Nous la combattrons aujourd'hui par la force.

Or, nous sommes aujourd'hui menacés par deux démagogies, dont l'une, la démagogie blanche, est plus redoutable encore que la rouge. Un parti insensé qui croit possible de ressusciter les morts, et qui se montre à la fois sur cent points de la Péninsule, s'est levé comme un nuage de sauterelles. Ses hordes fanatiques surgissent partout sur la terre où sont enterrées à jamais les racines du feodalisme et de la théocratie. Spectacle effrayant, messieurs! Voyez dans quel état se trouve l'Espagne!

Il est vrai qu'à l'heure ou nous aurions besoin de nous unir tous pour attaquer cet ennemi commun, il a été secouru par des impatiences criminelles, par des insurrections qui menaçaient l'unité de la patrie. A partir de ce moment, ces hordes qui attendaient l'heure de se jeter sur la révolution ont augmenté dans des proportions telles que l'âme la plus virile s'effraie. Ces hordes fanatiques ont menacé Berga, incendié Igualada; ces hordes fanatiques ont littéralement rasé Tortella, comme l'aurait pu faire une invasion de Huns : ces hordes fanatiques ont semé l'incendie sur les beaux rivages de la Méditerranée, de Castellon à Tarragona : ces hordes fanatiques empêchent aujourd'hui les cités si voisines de Castellon et de Valence de communiquer ensemble ; ces hordes fanatiques ont envahi les champs d'Estremadure : elles ont pénétré jusqu'au cœur de Andalousie ; elles pullulent dans les plaines et sur les coteaux de

Castille ; ces hordes fanatiques se sont emparées de presque toute la frontière du Nord, elles sont maîtresses des défilés des Pyrénées, laissant toutes les grandes villes entourées d'un déluge comme autant d'arches de salut ; ces hordes fanatiques demandent à grands cris un combat à mort ; eh bien ! nous la livrerons cette bataille, sans laquelle la liberté risque de périr et de périr, ô honte, sous la bannière de la République ! ... *(Applaudissements prolongés).*

Il n'est pas possible, Messieurs les députés, que ces hordes s'emparent de la capitale de votre patrie, qu'elles envahissent le temple des lois, qu'elles couronnent leur fantôme de roi dans vos palais. Non, cela n'est pas possible. Les rivières ne remontent pas ; la conscience humaine ne peut plus supporter l'inquisition ; le couvent ne peut pas revivre avec ses privilèges ; l'absolutisme ne peut pas reparaître parce que la raison l'a dévoré. Mais il y a des démocraties châtiées, des républiques conspuées, des partis libéraux qui ont tout exagéré, tout violenté, qui ont méconnu leurs propres institutions, qui ont obéi à un instinct de suicide, qui ont rendu synonymes l'anarchie et la démocratie, qui n'ont pas voulu obéir aux gouvernements sortis de leurs entrailles, qui n'ont pas reconnu une république légalement fondée par nos adversaires mêmes, devenus nos alliés par force, et pour que tant de folie soit châtiée, qui sait s'il ne peut pas venir une restauration temporaire, une restauration couvrant d'opprobre ces partis insensés ?

Voilà pourquoi, nous républicains, nous qui voulons représenter le parti républicain, et gouverner selon tous ses principes, compatibles avec les circonstances, voilà pourquoi nous dirons aux vétérans de la guerre civile, à ceux qui se nomment Bilbao, qui se nomment Cenicero, qui se nomment Gandesa, à ceux qui, au milieu des horreurs de la guerre civile, eurent le courage de fonder des institutions libérales, nous leur dirons : Vous eûtes de l'enthousiasme pour la dernière souveraine de la dynastie des Bourbons, mais elle ne peut plus revenir, accourez, défendez la République ainsi que vous avez su défendre Isabelle II, et la République assurera la paix de votre foyer, la liberté de vos fils !...

Mais si nous disons cela, nous disons aussi à une chose bien simple : La responsabilité de la direction de la guerre doit appartenir au parti républicain. Eh bien, ce parti doit-il, pour ne pas vouloir manquer à une seule de ses doctrines, peut-il laisser don Carlos s'avancer jusqu'aux portes de Madrid ? Evidemment non. Qu'est-ce que la guerre, Messieurs? La guerre est-elle une chose normale, un litige, un procès ordinaire? Non, la guerre est le feu, la guerre est la désolation, la guerre est la violence, la mort, la destruction, l'incendie; et nous serions, non pas des hommes, mais des moines, si pour ne pas répudier un instant nos dogmes, nous ne répondions pas à la guerre par la guerre, à l'incendie par l'incendie, à la mort par la mort !... *(Applaudissements prolongés.)*

Nous allons faire la guerre, et nous la ferons enfin avec les procédés de la guerre. Je ne prêche pas les représailles, mais ce que je prêche, c'est qu'il serait insensé, après tant de défaites, d'opposer une résistance faible, humanitaire, à un ennemi sans scrupule qui veut supprimer tous nos droits. Quoi, dans un incendie vous craindriez, par respect pour le foyer domestique, de percer le mur du voisin pour vous faire une porte? Quoi, tous les êtres obéiraient à l'instinct de conservation, excepté le parti républicain et la démocratie?... Vous pourriez refuser de vous accorder ce qui est indispensable pour votre défense dans cette guerre?...

Dans les républiques modernes, la guerre est la besogne des armées permanentes. Même dans le pays où ces armées sont peu considérable, dès les premiers jours de la guerre elles se mettent en campagne, disciplinées, organisées dirigées par leurs chefs naturels, ayant devant elles la mort dans la bataille, derrière elles la mort dans l'ordonnance. Voilà comment on se bat dans le monde entier, voilà comment il faut qu'on se batte en Espagne. Et pour cette raison, Messieurs les députés, je viens aujourd'hui, avec toute l'énergie de mes convictions, avec le mépris le plus complet pour la fausse popularité, avec la conscience tranquille et l'orgueil de mon patriotisme, je viens vous demander de me donner tous les moyens de rétablir la discipline dans l'armée, de rendre toute sa vigueur, tout son prestige à l'ordonnance militaire.

Oui, messieurs, l'abolition de la peine de mort est un de nos principes, c'est un principe scientifique, un principe politique, mais personne, dans aucun temps, dans aucune république, n'a jamais supposé que l'armée put exister sans la discipline; que cette machine de guerre, faite pour affronter la mort, puisse fonctionner sûrement si la peine de mort, admise par tous les codes militaires du monde, ne sert pas pour ainsi dire de sanction suprême à sa force?

Il n'est plus possible, Messieurs, de permettre que des

convois s'égarent et se perdent par la faute de chefs, que certes le glaive de la loi doit frapper avec plus de rigueur que les subalternes; il n'est plus possible de permettre que des officiers abandonnent leurs régiments; que des soldats crient : « A bas les galons et les étoiles ! » que des lâches livrent leurs fusils à l'ennemi, que les défenseurs mêmes de l'ordre et de la propriété pillent impunément; qu'un Cabrinetty meure, parce qu'un simple trompette a plus d'influence que lui sur ses bataillons : il n'est plus possible de permettre tout cela ; il faut l'empêcher coûte que coûte, ou sinon le monde croira que la société espagnole est retombée à l'état sauvage, à la barbarie primitive !.....

Le gouvernement ne veut pas, ne peut pas, ne doit pas consentir à cela. Il n'y consentira pas. Accusez-moi d inconséquence, si vous voulez. J'écouterai vos accusations et je ne me défendrai pas.

En effet, ai-je le droit de sauver avant tout ma réputation, mon nom ? Non, je n'ai pas ce droit. Que mon nom meure, que les générations futures le maudissent, que les générations présentes me condamnent à l'exil, à l'abandon, peu m'importe, mais que la République ne se perde point par ma faiblesse ! Que la patrie ne se perde point par notre faute, Messieurs ! *(Applaudissements.)*

Bien des fois j'ai douté, j'ai été perplexe, voyant l'homme intègre, l'homme illustre qui m'a précédé, lutter avec ses scrupules et se décider enfin pour le parti contraire à celui que j'ai pris, mais je n'ai pas eu le courage de le suivre....

Il nous faut la discipline, et sachez bien que pour la rétablir nous emploierons, sans cruauté, les moyens les plus rigoureux.

Mais une fois l'armée réorganisée, il faudra la conserver, l'augmenter. Comment l'augmenterons-nous? A l'aide des réserves, Messieurs. Et où en sommes-nous en fait de réserves ?

Eh bien, il y a des symptômes qui encouragent et consolent, Souvenez-vous de la terreur qu'inspirait naguère la conscription; cette terreur, la réserve ne paraît pas l'inspirer en ce moment. Ainsi, nous avons aujourd'hui 25,000 hommes de la réserve présents. Ainsi, parmi ces hommes de la réserve, ceux de la Corogne ont pu être armés, et dès le lendemain, ont pu battre une bande carliste. *(Grands applaudissements.)* Ainsi, la province de Huesca, cette vaillante province aragonaise forte de ses antiques libertés, vient de nous dire (nous avons reçu hier la dépêche) : « Notre contingent est de tant d'hommes ; il est tout entier prêt à marcher, mais le reste des jeunes gens veut partir aussi, est impatient de partir. » *(Applaudissements prolongés.)*

Malheureusement, il y a aussi un symptôme bien triste. Je ne veux pas insister de peur d'attiser certaines passions dangereuses, mais il faut pourtant que je le déclare : un trop grand nombre de familles riches envoient leurs fils à l'étranger pour les soustraire au service...... Eh bien, Messieurs, le gouvernement est décidé à présenter un projet de loi imposant une forte contribution à ces familles qui, dans un but coupable, ont envoyé leurs fils hors d'Espagne... *(Applaudissements prolongés sur tous les bancs. — Une voix : « Que ce projet vienne vite ! »)* Demain, Messieurs, demain, je vous le présenterai ; nous l'avons déjà rédigé. *(Nouvelle salve d'applaudissements.)*

Mais nous n'aurons pas, nous ne croyons pas avoir assez de force avec les 80,000 hommes demandés ; nous croyons que nous serons forcés de vous demander dans un autre projet le droit de lever le contingent tout entier...

Mais il ne suffira pas de rétablir la discipline ; il ne suffira pas de mettre toutes les réserves sur le pied de guerre ; il faudra encore former des garnisons sédentaires dans toutes les villes importantes. Il faudra former, comme une seconde réserve nationale, une grande milice. Il faudra que cette milice offre des garanties pour le maintien de l'ordre ; il faudra que cette milice ne soit pas la milice d'un parti, parce que rien n'est pire que la milice d'un parti, mais qu'elle soit composée de tous les partis, parce que tous ont le même intérêt pour le foyer, pour la liberté, pour la patrie. Et nous appliquerons dans toute son énergie la loi que vous nous avez donnée, nous organiserons les milices conformément à l'ordonnance de 1822, et nous les mobiliserons, comme nous avons commencé à le faire en Andalousie, et nous les enverrons dans le Nord, afin que l'Espagne libérale tombe comme un déluge sur l'Espagne absolutiste. *(Applaudissements.)*

Et il ne suffit pas que nous ayons des milices. Il faut que pendant que nous discutons, que nous combattons ici, les chefs militaires de tous les partis, depuis mon illustre ami le général Nouvilas jusqu'aux généraux les plus bourbonniens, aillent tous à la guerre, en donnant au gouvernement des garanties d'obéissance et de loyauté. Lorsque nos pères discutaient ici, tous les généraux de tous les partis allaient à la guerre. De même aujourd'hui, le gouvernement est décidé à les employer tous, sans distinction de partis....

Vous me direz que nous avons peu l'instinct de la conservation. Mais moi je déclare et je répète que dans des circonstances aussi graves, la nécessité est la loi suprême. Je dis et je soutiens que quand bien même la nécessité ne m'y obligerait pas, en dépit de certains exemples trop fameux de notre histoire, je veux croire durant cette crise à la parole d'honneur des généraux espagnols; et je soutiens enfin qu'il n'y a point de général assez fort pour extirper du cœur de nos soldats l'amour qu'ils ont pris pour la République. L'armée qui s'est battue à Luchana, Ramales, Morella, l'armée qui s'est battue à Oroquieta ne tournera pas ses baïonnettes contre les institutions républicaines.

Mais il nous faut encore autre chose. Il faut que la Constitution et les droits individuels ne nous lient pas les mains. C'est pourquoi nous vous demanderons une loi remettant en vigueur la loi dite d'ordre public, et déclarant en état de siége tout le pays menacé, afin qu'il ne soit plus possible de faire impunément des souscriptions en faveur des insurgés.

Eh quoi! nous nous exposerions à la mort par un trop scrupuleux respect des principes, dans des circonstances anormales? Où avez-vous vu faire la guerre de la façon dont nous l'avons faite jusqu'ici? Messieurs, s'il m'était permis de m'occuper ici de ces belles légendes démocratiques, enchantement de nos rêveries; s'il m'était permis de contempler ici les beautés de l'épopée, au lieu de me débattre dans les horreurs de la triste réalité, je vous demanderais: Avez-vous une idole que vous préfériez au grand Lincoln! Quelle étrange, quelle prodigieuse figure! Le pauvre enfant du désert, le modeste bûcheron, le marinier de l'Ohio et du Mississipi, monte au capitole de Washington, il délivre à jamais l'esclave, et son nom figure parmi les grands rédempteurs de l'humanité!......

Eh bien, cet homme, que fait-il durant la guerre? D'abord, sans consulter le Congrès, il suspend l'*habeas corpus* et pénètre dans le domicile de tous les citoyens; sans consulter le Congrès il disperse à main armée tous les *meetings* et déporte les orateurs qui défendent l'esclavage; sans consulter le Congrès, il interdit toute publication en faveur de l'esclavage, et tous les biens des complices de l'insurrection du Nord furent confisqués, et la peine de mort fut prononcée contre tout soldat rebelle ou mutin. Pourtant Lincoln est-il devenu pour vous le tyran qui confisque les biens, qui supprime la liberté de la presse, qui viole le foyer domestique? Non, les impuretés inévitables de la vie politique, de la guerre, ont disparu dans son histoire, et l'âme de Lincoln vous apparaît dans les cieux, dans la lumière, parmi les héros, les martyrs et les rédempteurs du genre humain... *(Applaudissements).*

Nous donc, Messieurs les députés, nous ferons ce qui est indispensable pour la guerre, mais en consultant le Congrès ; nous vous demanderons la sanction légale. Et je déclare que je reste l'ennemi de toute illégalité, que je ne me servirai d'aucune mesure extraordinaire qui n'aura pas été autorisée par le Congrès. Mais je déclare aussi, en revanche, que si vous ne me donnez pas l'autorité légale dont j'ai besoin pour me défendre, pour défendre la démocratie, la liberté, la République, dans la plus terrible crise connue dans les temps modernes, que, si je n'ai pas le pouvoir, je n'aurai pas la responsabilité, et que j'enverrai immédiatement ma démission et celle de tout le ministère au président de cette Chambre. Sans les moyens que je réclame, je ne resterai pas une heure au pouvoir *(Bien, très bien).*

Maintenant, Messieurs, j'ai dit ce que représente ce gouvernement je l'ai dit bien clairement. C'est un gouvernement destiné à sauver l'ordre coûte que coûte ; un gouvernement destiné à terminer la guerre civile, guerre intérieure et pourtant à un certain point de vue, étrangère à notre civilisation, à notre droit. Si vous croyez devoir nous aider, aidez-nous. Si vous croyez que nous n'avons pas la force, l'énergie, le prestige nécessaires, nommez d'autres ministres. Mais je vous mets au défi de trouver d'autres moyens pour refaire notre armée et pour extirper le monstre de la théocratie.

Le parti républicain qui s'assied sur ses bancs, le parti républicain auquel ces ministres appartiennent, le parti républicain doit se souvenir que les lois de l'univers sont supérieures à tous les caprices, à toutes les doctrines des partis, et qu'on ne répond à la guerre que par la guerre, et que les partis chargés d'implanter une forme de gouvernement nouvelle ont surtout besoin d'énergie. Toute réforme blesse des intérêts, et les gouvernements forts, énergiques, soutenus par l'opinion publique d'abord, par des institutions extraordinaires ensuite, peuvent seuls affronter la lutte avec les intérêts blessés.

Que nous demande l'opinion à l'extérieur ? Que nous demande l'Europe ? L'Europe ne reconnaîtra pas l'existence de la République en Espagne, elle ne reconnaîtra pas la légitimité de la République, elle ne reconnaîtra pas que la République est ici le refuge assuré de tous les partis, si l'Europe ne voit pas que la République sait recouvrer les impôts décrétés par les Cortès, discipliner les armées formées selon la loi, soutenir l'ordre, donner des garanties à tous les intérêts légitimes, assurer la propriété du travail et faire en sorte qu'aucune démagogie, ni la démagogie rouge qui a eu son heure parmi les populations du Midi, ni la démagogie blanche dont le drapeau est arboré par les populations du Nord, ne puisse ternir et déshonorer notre démocratie. *(Très bien !)*

Ainsi ce qu'il nous faut, c'est l'ordre à l'intérieur, l'ordre à l'extérieur. J'ajoute : moi, qui ai toujours défendu la liberté ; moi, qui ai toujours défendu la démocratie ; moi, qui ai toujours défendu la République fédérale : moi, dont le cœur à toujours voué un culte religieux à tous ces principes, je vous dis à cette heure que ce dont nous avons besoin en ce moment, parce que la politique n'est rien, si elle n'est pas la transaction de l'idéal avec la nécessité ; oui, je vous le répète, ce dont nous avons besoin, c'est l'ordre, l'autorité, le *gouvernement* ; et si vous consacrez vos forces et vos votes à nous donner l'autorité l'ordre, le *gouvernement*, quel que soit celui qui le représente, vous aurez sauvé votre honneur, vous aurez sauvé votre liberté, vous aurez sauvé l'honneur de vos fils, vous aurez sauvé la civilisation, et en même temps la République, devenue aussi brillante que notre soleil et aussi pure que notre ciel, se verra reconnue par tous les rois et par tous les peuples du monde. *(Applaudissements vifs, nourris et prolongés.)*

Havre. — Imp. F. Santallier et Cie, boulevard de Strasbourg, 162.

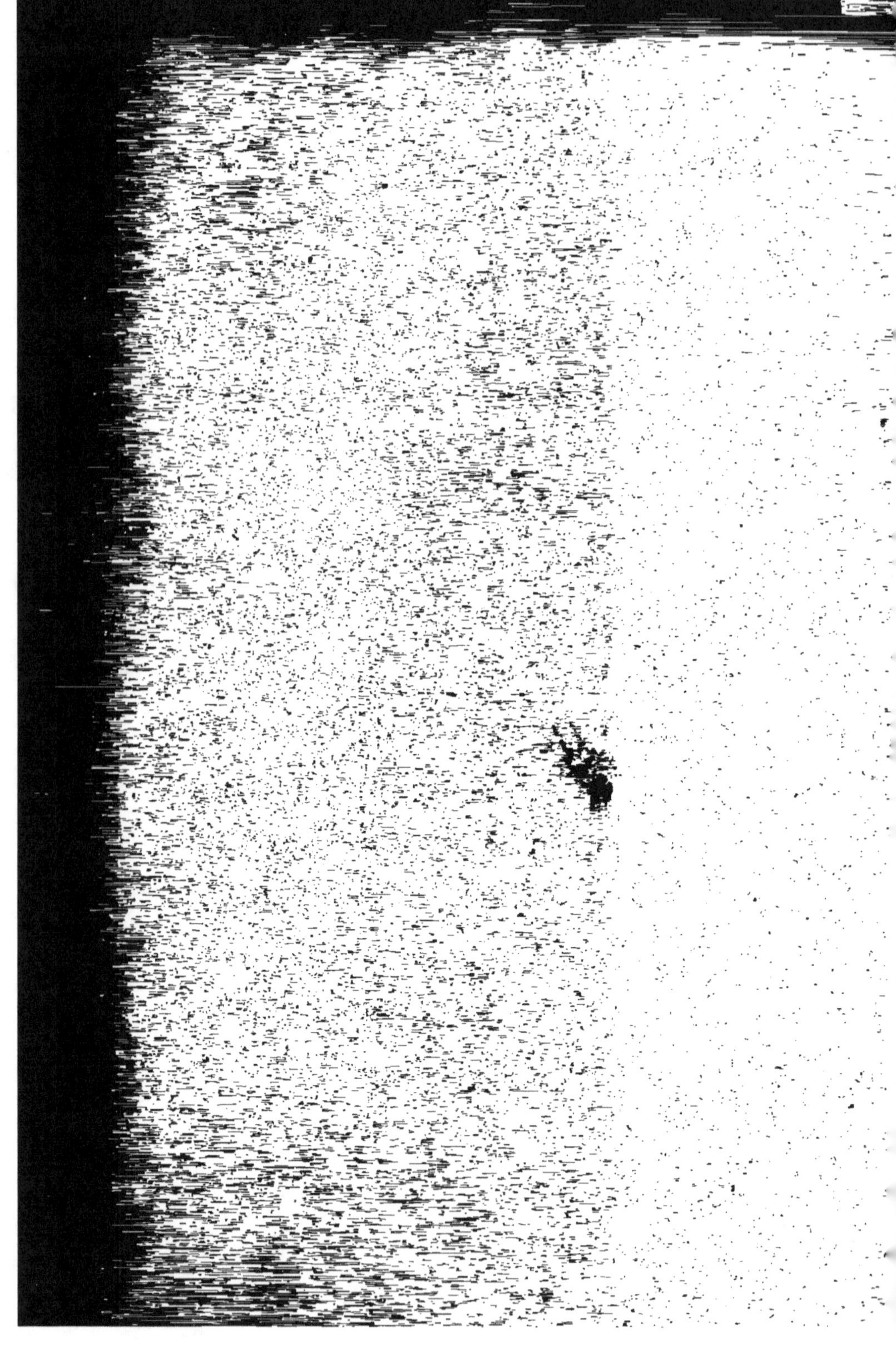

www.ingramcontent.com/pod-product-compliance
Lightning Source LLC
LaVergne TN
LVHW010040230826
846091LV00005B/1798

* 9 7 8 2 0 1 2 4 7 5 3 4 2 *